Carlos Odell

CUENTOCUARENTA

*39 poemas de amor,
de poesía, de locura y de muerte
y un cuento de vainilla.*

CARLOS ODELL

Odell, Carlos
 Cuentocuarenta : 39 poemas de amor, de poesía, de locura y de muerte; y un
    cuento de vainilla / Carlos Odell ; ilustrado por Liniers
    - 1a ed. - Buenos Aires : Stock Cero, 2006.
    104 p. : il. ; 23x15 cm.
    ISBN 987-1136-52-8
    1. Literatura Argentina-Poesía. 2. Literatura Argentina-
    Narrativa. I. Liniers, ilus. II. Título
    CDD A860

© 2006 Carlos Odell
de esta edición © Stockcero 2006
Imagen de portada: "sin título" de Liniers (detalle).
Ilustraciones de interior: Liniers.

1º edición: 2006
Stockcero
ISBN-10: 987-1136-52-8
ISBN-13: 978-987-1136-52-0
Libro de Edición Argentina.

Hecho el depósito que prevé la ley 11.723.
Printed in the United States of America.

Ninguna parte de esta publicación, incluido el diseño de la cubierta, puede ser reproducida, almacenada o transmitida en manera alguna ni por ningún medio, ya sea eléctrico, químico, mecánico, óptico, de grabación o de fotocopia, sin permiso previo del editor.

stockcero.com
Viamonte 1592 C1055ABD
Buenos Aires Argentina
54 11 4372 9322
stockcero@stockcero.com

Carlos Odell

CUENTOCUARENTA

*39 poemas de amor,
de poesía, de locura y de muerte
y un cuento de vainilla.*

CARLOS ODELL

CUENTOCUARENTA

Índice

Prólogo *7*

De Amor
1. No *11*
2. Un lugar *12*
3. Then *14*
4. Vecina *15*
5. La novia roja *16*
6. El sueño equivocado *17*
7. Mañana *18*
8. Película *19*
9. Falsa *20*
10. Súper beso *22*
11. Entre tu panza y la mía *23*

De poesía
12. El mismo fuego *27*
13. Soñé *29*
14. Dibujos *31*
15. Si *32*

16. Una poesía *33*
17. Poeta *34*
18. La poesía que nunca se escribió *36*
19. Anotaciones *38*
20. Un libro *39*
21. Pobre papel *40*
22. Ayer, hoy y mañana *41*
23. La última *43*

De locura
24. La razón *47*
25. Tell the man who has arrived *49*
26. Recuerdos *51*
27. Medio anillo *52*
28. Una angustia *53*
29. La música *54*
30. Agonía *56*
31. Viaje *58*

De muerte
32. Si vinieras *63*
33. Un segundo *64*
34. Con otro *65*
35. Sin vos *67*
36. Tu ausencia *69*
37. Moría *71*
38. La extraño *72*
39. Era cierto *73*
Epílogo a las poesías *75*

De vainilla 77

Prólogo

Todo prólogo se escribe al final, se pone al principio y no se lee nunca.

Los buenos escritores son malas personas. Carlos Odell es tal vez el mejor poeta de la Argentina actual, pero no creo que haya logrado ser la peor persona del país. Algún día quizás lo logre. La hijaputez, como casi todas las hijaputeces se nutre de dos fascismos, el fascismo estético y el fascismo de la ternura. Odell no se contenta con esto, sino que también ejerce el fascismo del antifascismo.

Dalmiro Sáenz

CARLOS ODELL

CUENTOCUARENTA

DE AMOR

Carlos Odell

1. No

Amor est vitae essentia.
El amor es la esencia de la vida.

a Patricia

No me alumbres
si no vas a iluminarme

No me toques
si no vas a acariciarme

No me hables
si no vas a susurrarme

No me abraces
si no vas a protegerme

Ni me beses
si no me vas a incendiar

No me quieras
si no me vas a amar de esa manera

Pero eso sí, si vas a amarme así,
no te vayas, no me dejes, no te mueras.

2. Un lugar

> *Quos amor verus tenuit, tenebit.*
> El verdadero amor le llegará al que ya lo tiene.
> Séneca

a Patricia desde París, mayo de 2001

Historia de un lugar inevitable
Historia de un lugar de lo imposible
Increíble historia

No encuentro tu mitad en cada esquina
Persigo la mitad de lo improbable
Quizás la misteriosa medicina
Que busco en la mitad de lo insondable

Si bien era una falsa circunstancia
Los sueños aparentan ser así
Salimos de la mano por París
Y estabas a cien horas de distancia

Ciento veinte échelons de piedra gris
Bajaban desde un puente que miraba
A una calle que a veces terminaba
En la Place de Clichy

CUENTOCUARENTA

El lugar
Un rincón
Un ladrillo
Un escalón
Una vidriera
Con panes con azúcar y con crema

Pasé por el lugar y me miraste
Pasé y aunque no estabas te encontré
En ese lugar
De la rue du Rocher.

3. Then

> *Si vis amari, ama.*
> Si quieres ser amado, ama. Séneca

If you have time to walk
Across an endless street

If you have time to read
Upon a branchless tree
Poems of mine
That will never be
Warm-hearted songs
That might 've been from me to thee

If you can ever live
As you have never dreamed

If you have time to share
The peace, the storm, a stare

If you have time to play
My game in the wrong way

Then,
I will have time to love.

4. Vecina

Omnia vincit amor; et nos cedamus amori.
El amor lo vence todo; dejemos que el amor nos venza.
Virgilio

Podría hacer una rítmica cuenta
de todos los perros que pasan por tu puerta

Podría cantar todas las canciones
que escucho que escuchás

Podría dibujar si me lo permitieras
todas las baldosas que componen tu vereda

Podría entrar por tu ventana,
meterme en la luna de tu espejo
y así, sin decir nada
hacer el amor con tu reflejo

Podría poder pero no puedo
No quiero querer pero quisiera
Penetrarte, descorrer tu velo
Y tenerte al fin sin que me vieras.

5. La novia roja

La novia roja
La que me espera
La que se va caminando hacia el fondo del pasillo,
pero después vuelve conmigo
La que comparto
La que no espero que me llame por teléfono esta noche
La que no hiero si no veo
La que no sabe de reproches

Ella está siempre
No me abandona
La novia roja
Mi novia roja
No es sólo mía
Pero ella está.

6. El sueño equivocado

Una vez pensé que me dejabas,
Y el sol se me ponía al mediodía
Una vez pensé que te perdía
Y la noche empezaba a la mañana

Esa vez mis venas se quebraron
Al ver que el pasaje era de ida
Estabas
Con un gesto de adiós en una mano
Y en la otra un "no más" de despedida

Esa vez, en medio de la noche
Creí que te habías ido y, espantado
Produje en mi cuerpo tal derroche
Que estuve por cruzar al otro lado

Sin embargo al despertar sentí
Que el sol cumplía su designio, naciente
Estabas abrazada y junto a mí
Y la noche, sumisa, esperaba, paciente

Había sido un mal sueño de otro dueño
Que por querer alejarlo de su lado
Lo desvió con rumbo equivocado.

7. Mañana

Credula vitam spes fovet et melius cras fore semper dicit.
Una verdadera esperanza sostiene nuestra vida,
y siempre nos dice que habrá un mejor mañana.
Tibullus

a Gastón
Cierro los ojos y qué importa
Es una boca que con otra
Va entrelazando otro camino
Es una lengua sin destino
Una ilusión que queda corta

Muestro los dientes al infierno
Para poder seguir viviendo
Y averiguar si estoy muriendo

Y al parecer no estoy muriendo
Creyendo en mí voy renaciendo
Y sin morir voy aprendiendo

Que hay algo más
Que hay otra historia
Que empieza hoy
Y que hoy termina

Y que mañana
Vuelve a empezar
Acá a la vuelta de la esquina.

8. Película

Cómo puede ser
A mí, que no me hables
De payasos tristes
De botes entre cisnes
De frases elaboradas
con miradas embobadas
De paisajes floreados
como fondo de besos estudiados
De atardeceres rojos
De risas bajo la lluvia
De correr por la playa
De lágrimas envasadas
en una caja rubia

Cómo puede ser
Que una mala película sensiblera
Me haya hecho llorar ayer
como a una pobre Magdalena.

9. Falsa

Puri sermonis amator.
Un amante de la pura palabra. Terencio

No te arrepientas de Jesús
No te acomodes el asiento
No te coloques la bijou
Que yo te miro por adentro

No me conjugues maravillas
No me engatusan tus enaguas
No me enloquecen tus rodillas
Ni me conmueven tus palabras

No simbolices la dulzura
Con merchandising de ternura
No des franquicias de tu amor
No des amor si das basura

No cantes flores a la suerte
No pidas gancho a la locura
No presupongas diversión
Que se te nota la impostura

No des palmadas a cualquiera
No digas pido al corazón

CUENTOCUARENTA

No maquillés el moretón
Que en este juego estás afuera

Y si algún día me miraste
No afines más la puntería
Él ya compró tu porquería
Pero a mí nunca me engañaste.

10. Súper beso

Cuando te beso mi boca no te toca
Ninguna parte de mí te toca
Cuando te beso
Mis labios ni rozan los tuyos

Mis brazos te abrazan
Tu piel no se entera
Mis ojos se cierran
Te miran por fuera

¿Se puede acaso
Acariciar la música,
Abrazar la poesía,
O tocar la aspereza
De la melancolía?

Cuando nos besamos
No existen dos bocas que se tocan
Ni dos cuerpos que se acarician
Son dos almas que se juntan
En un momento mágico y se funden
En otra dimensión de los sentidos
Sin nervios táctiles, ni labios, ni fluidos

Por eso
Acá alejado de ti, sobrevivo
Porque sé que estás allí, pero conmigo.

11. Entre tu panza y la mía

Entre tu panza y la mía
hay algo más que silencios
con miradas encendidas

Mucho más que dos historias
de dolores compartidas

Más que palabras tiernas
sobre llagas florecidas

Más que mera coincidencia
de mil gustos parecidos

Más que una suma de alientos
de labios enrojecidos

Entre tu panza y la mía
entre tu olor y mi olor
hay un vaivén de armonía
entre tu panza y mi panza
hay una danza de amor.

CARLOS ODELL

De poesía

CARLOS ODELL

12. El mismo fuego

Omnia mutantur, nihil interit.
Todo cambia, nada perece. Ovidio

Mientras leo a Borges, soy Borges.

a Connie, Tomás, Agus y Vicky

Si pasaste una tarde
Una tarde de frío
Con el fuego encendido
Recitando a tu hijo
Con sus ojos prendidos
Un poema de Borges

Si pasaste esa tarde
Explicándole el canto
De su rima templada
Y especial desencanto
De su prosa cantada

Y unos años después
Lo encontrás una tarde
Una tarde de frío
Con el fuego encendido
Recitando a su hijo

Con sus ojos prendidos
El poema de Borges

Tu alma se prenderá fuego
Con su propio fuego,
Que es el mismo fuego de las dos tardes.

13. Soñé

a mi vieja

Soñé que soñaba un día
Que soñaba que dormía
Y al dormir soñé que estaba
Escribiendo que soñaba
Con escribir en poesía

Las letras que iba escribiendo
En forma de sinfonía
Se ubicaban como locas
En una clave de sol
Sin la menor armonía

Palabras, casi no había
Pero sí frases con rima,
Y aunque parezca mentira
Una me hizo llorar
De triste que me sentía

Para seguir componiendo
No anotaba en un papel,
Tocaba teclas de piano
Que salían de un tonel

Con cada tecla sonaban
Sílabas estrafalarias,
Una corchea, un diptongo,
Cuatro odas, cinco arias

Una blanca era un adverbio,
Una negra era un silencio
Las frases eran octavas,
Y las armonías, verbos

Yo no sé escribir poesía
Pero sí mi subconsciente.
Él anotaba en mi mente
Y yo hacía que dormía.

CUENTOCUARENTA

14. Dibujos

Pars maior lacrimas ridet et intus habet.
Ríes de tus lágrimas pero las tienes en el corazón. Marcial

a Irene

Puso un papel sobre la mesa. Venía impreso ya con unas tenues líneas paralelas. Tomó un lápiz y sobre ellas dibujó unos signos que había aprendido en su infancia por una especie de convención universal que así lo determina. Diferentes combinaciones de veintisiete caracteres lingüísticos, acompañados circunstancialmente por media docena de signos de puntuación. Con el mismo sistema de aprendizaje otra persona puede, luego de observarlos detenidamente, interpretar hechos reales o ficticios, o pensamientos abstractos que la primera haya dibujado sobre el papel. En este caso se trataba simplemente de un poema, triste. Se lo envió y ella, que en su infancia había aprendido a interpretar esos mismos caracteres, los observó detenidamente y a continuación, se puso a llorar desconsoladamente. Consideró milagroso el hecho de poder conmover de esa manera a un ser humano sólo dibujando unos signos en un papel, expresando algo imaginado por él mismo.

Ese solo acto justificó su existencia. O al menos, en ese momento, él lo sintió así.

15. SI

Carpe diem, quam minimum credula postero.
Aprovecha el día, confía lo menos posible en el día de mañana.
Horacio

Si todo el día
Todas las horas
Sólo me alcanzan
Para escribirte

Si pierdo el tiempo
Si no hago nada

Y si de pronto se mueve un lápiz
Escribe algo y vos lo leés

Y me mirás
Sin decir nada
Miro tus ojos
Hay como un brillo
Ese día vale.

16. Una poesía

Interfice errorem, diligere errantem.
MATA AL PECADO, AMA AL PECADOR. SAN AGUSTÍN

Una vez que cambió en su portafolio
Su careta de burgués comprometido
Sus tarjetas, su registro y su apellido
Por la guita, un alcohol y un par de forros

Una puta le extrae una poesía
Que eyacula recitándola en su oreja
Es la misma que su madre le decía
Es la misma que escuchaba de su vieja
En la cuna jugando a que dormía

Una historia de corceles y de aceros
Un romance de Anicetos y Franciscas
Un amor entre ladrones y odaliscas
Una imagen de dulces y placebos

Una unión de amor por el espanto
Un recuerdo de oscuras golondrinas
Una imagen de balcones
Sin ninguna flor
Y una canción tan desesperada
Que no volverá.

17. Poeta

> *Poeta nascitur, non fit.*
> El poeta nace, no se hace.

Un poeta acostumbrado
A sentir que los sueños del pasado
Son pasado

Un poeta resignado
A pensar que los sueños del futuro
Son sueños olvidados

Un poeta que obligado
A escribir lo que se espera que escriba
Escribe lo que se espera que escriba

Un poeta destinado
A buscar la rima obvia
La que espera sin heridas
A la vuelta de la esquina

Un poeta que nunca ha llorado
Ni la tinta su lágrima ha mojado
Destiñendo lo que un sentimiento
Trabajosamente le ha dictado

Un poeta al presente acostumbrado
Es un poeta ausente
Que digo,
Es un poeta inexistente.

18. LA POESÍA QUE NUNCA SE ESCRIBIÓ

a Dalmiro

Hoy, cuando todavía el sueño lo invadía, imaginó el verso de los versos, superior a lo que nunca escribió y mejor que lo que cualquier ser humano haya escrito o pudiera escribir jamás. La rima de las rimas. El pensamiento de los pensamientos. Un poema para pasar a la historia. Tan así, que se hubiera erigido en el poema emblemático de la lengua castellana del siglo XXI. Lo aseguro. Si pudiéramos asistir al juicio final y le preguntáramos a Dios, delante de todos los seres que existieron, más los que habrán de hacerlo antes e inclusive después de ese día, Él nos lo confirmaría. Nos diría: "Es cierto, esa rima estaba compuesta por lo mejor que se pudo crear en idioma español por los siglos de los siglos". Hubiera pasado a la historia. Parte de él hubiera sido publicado en los suplementos literarios de los mejores diarios de habla hispana. Hubiera obtenido el premio Nobel. La edición en un libro se hubiera agotado rápidamente, obligando a los editores a realizar varias impresiones sucesivas, hasta abastecer la inagotable demanda. Seguramente se hubiera traducido a veinte o treinta idiomas. Sin dudas, se hubiera enriquecido. Su fortuna le hubiera alcanzado para vivir holgadamente el resto de sus días, a él y a varias generaciones sucesivas. El problema es que no pudo escribirlo. Se le fue desvaneciendo a medida que despertaba. Se le esfumó. Lo vio alejarse. Lo sentía desprenderse de las capas de su memoria mientras iba percibiendo la luz del nuevo día. Tomó rápidamente un lápiz y un papel que tiene a mano en la mesa de luz para estos casos de súbita inspiración, pero no llegó. Quiso anotarlo, pero sólo le salieron palabras sueltas, sin sentido. Es cierto que nunca nadie le va a creer, ya que nunca nadie podrá leerlo, pero a él no le importa. Sabe que se imaginó el mejor poema en idioma español de todos los tiempos. Y de eso, va a estar orgulloso por el resto de su vida.

CUENTOCUARENTA

19. Anotaciones

Nil homini certum est.
Nada es cierto para el hombre. Ovidio

a Patricio Esteve

Miedo, inútil, eterno, atacan,
frío, efímero, dicho, sabemos
mostrarlas, demás, y, quienes, asustan,
lentamente, pero, rápido, menos

Qué rápido se escapan las palabras
Cuán lentamente vienen y se juntan
Qué inútil es el miedo de mostrarlas
Lo que pasa es que me atacan y me asustan
Y me da frío el miedo de olvidarlas

Sabemos, nos han dicho
Que no somos quienes somos

Algo sabemos por lo menos
Pero todo lo demás,
¿Es efímero,
O es eterno?

20. Un libro

Mi vida en un libro
Cuyas hojas quiero
Cuenten mil historias
Mil siglos, que sea
Una bomba eterna
Que cuando lo lean
Sus hojas se enciendan
Que se prendan fuego

Que siempre esté listo
Para cuando quieran
Saber qué me pasa
Saber lo que amé
Saber lo que quise
Saber lo que sé
Conocer mi mundo
Para cuando muera.

21. Pobre papel

Estoy en la cama
Buscando el sentido
De sueños perdidos

Y ahora sentado
Frente a mi escritorio
Después de la cena
Transmito en un folio
Una triste pena

Estoy en la cima
De mi sufrimiento
Estoy escribiendo

Ahora esa pena
Que me estaba ardiendo
Está en el papel

Ahora está sufriendo
Recemos por él.

22. Ayer, hoy y mañana

Bis vincit qui se vincit in victoria.
Vence dos veces el que en la victoria se conquista también a sí mismo. Syrus

al Doni

Ayer
No quise ver
el tormento de ese momento

Hoy
Quiero amanecer,
con la calma que lleva el alma

Escribir,
Desde el centro de mi portento

Navegar,
Con el viento que llevo adentro

Y renacer,
Aún con penas entre mis venas

Mañana
Cuando exista
Te encontraré

CUENTOCUARENTA

En una sombra cercana
En una mirada a lo lejos
En una palabra escrita

En una mujer, quizás
O en una poesía
Como ésta.

23. La última

Disiecti membra poetae.
Fragmentos dispersos de la vida del poeta. Horacio.

Hoy escribí mi última poesía
Ensucié el papel
Con mi materia gris
Las líneas rectas de las letras
Son restos de mis huesos
Las líneas curvas
Están conformadas con jirones de mi piel
Mis entrañas
Forman parte del tejido del papel
Y utilicé mi sangre y mis fluidos como tinta
Toda mi alma está allí
No me queda nada
Estoy vacío
Ya no estoy
¿Cómo escribiré la próxima?

CUENTOCUARENTA

DE LOCURA

Carlos Odell

24. LA RAZÓN

Felix qui potuit rerum cognoscere causas.
FELIZ EL QUE PUEDE CONOCER LAS CAUSAS DE LAS COSAS.
VIRGILIO.

a Richard

No calcula el alma ni habita en el misterio
No muere por amor ni invoca la pasión
No intuye la nada ni nada en el infierno

No entra por la vista o el oído
No entiende la existencia que no ha sido

No habita el transitar del individuo
Que tiene en su equipaje un cruel designio
Su alma y sus neuronas no se juntan
No esperan desatinos, no preguntan

Nebulosa de choque de electrones
Combinación de genes que se reconocen
Que se ponen de acuerdo
Que generan recuerdos

Que piensan la idea de dar forma
De idear la forma de pensar
Que piensan la forma de la idea
De un cuadrado, por ejemplo

Material de filosofía
Que sin embargo, inspira una poesía
Que trata con un pensamiento
De robarte este momento,
Para mí

Fantasma, espíritu, esencia
Que juega en el equipo de la ciencia

Es algo parecido a la razón
Razón por la cual he padecido
Razón por la cual no tengo Dios
Razón por la cual estoy perdido.

25. Tell the man who has arrived

Brevis ipsa vita est sed malis fit longior.
Nuestra vida es corta, pero los infortunios la hacen
mas larga. Syrus.

a mi viejo

Tell the man who has arrived
Tell him stories of nearby

Speak him kindly, he has bought
Dreadful stories, awful thoughts

In the world where he belongs
Graceful stage with mournful songs
Shall be silenced on their own

Once he leaves you say no more
Only kiss him, let him go
He will speak of you to God

He will tell him the last day
He found someone on the way

And perhaps then he might say
Before leaving his mad world
He was kissed by a new friend

CARLOS ODELL

May be he will never learn
He `ll be missed by someone else.

26. Recuerdos

Estaba tratando de ponerme al tanto
Saber si sabía
O ver el espanto de tanta agonía

Estaba creando aunque no quería
Veinte mil recuerdos de una mente enferma
Revolver estados de melancolía
Buscar un revólver, volver al esperma

Creía poder
Encontrar la vía
De enhebrar recuerdos
Pero no podía

Seguían atados
Sin una salida

De tan apretados
Ya no tenían vida.

27. Medio anillo

Omnia mea mecum porto.
Todo lo que es mío lo llevo conmigo. Cicerón

Enamorado de un pedazo de un anillo de vidrio
Con tu nombre
Sólo eso me quedó y sin embargo
No puedo dejar de alimentarlo

Me subo a las paredes y lo llamo
Lo tomo con mis labios, lo mantengo
Lo beso, lo acaricio, lo penetro
Lo meto en mi boca y me lastimo

De pronto me desangro y tengo frío
Que no te importe, mi amor,
Si me lo sacan
Ya tengo otro pedazo adentro mío.

28. Una angustia

Insanabile cacoethes scribendi.
UNA PASIÓN INCURABLE POR ESCRIBIR. JUVENAL

Una angustia
Que no me deja sufrir tranquilo
Un temblor
Que no me deja sentir el frío
Una herida
Que no me deja sentir dolor
Pensamientos
Que no me dejan saber si siento
Agresiones
Que bloquean mis sensaciones
Transiciones
Del no existir al morir
Expresiones
Que ya no puedo escribir.

29. La música

El mundo que me pinta equivocado
Sin verte, apasionadamente surge
En la calle sólo veo tu pecado

Para qué escribir
Si al fin de cuentas
Es magia, es ilusión, es nada
Una caterva de flores perfumadas
Un sinsabor con gusto apasionado
Una pasión con dirección desviada

Me muero por saber cómo hay que ser
No encuentro la manera
No sé si es esta puerta o esta otra
Si no resuelvo este dilema
Cómo sigo, cómo vivo, qué me espera

Estoy desesperado porque estés
Estoy ilusionado con que vengas
Quiero ver tu figura en esa esquina
Tengo miedo de mirar y al darme vuelta
Sólo encuentre de fondo la vidriera
Un árbol medio seco, un kiosco de diariero
Un sonido que cruza, una sombra cualquiera

CUENTOCUARENTA

No sé si sé cómo esto sigue
No sé si junto a vos tengo repuesta
Pero sos de todo lo que queda
La única armonía que me resta

Espero que entiendas, vida mía
La Música, palabras sin sentido.

30. Agonía

Crudelius est quam mori semper timere mortem.
Es más cruel el temor a la muerte que la muerte misma.
Séneca

La cosa es que me estoy equivocando
Tirando miguelitos por el suelo
Para tratar de evitar que avance el tiempo
Para evitarle al tiempo desconsuelo

La cosa es que de a poco voy marchando
A existir sin coherencia ni medida
Sabiendo de mi lucha arrepentida
Sabiendo que me estoy matando

Tomando por la esquina voy cruzando
Sabiendo que no voy a ningún lado
Siguiendo el camino equivocado

La cosa es que me estoy equivocando
El cerebro se me está friendo
Yo sigo cocinando pensamientos
Y las caras cercanas están riendo

CUENTOCUARENTA

Conjunto de agonía en mal estado
Estado de atonía permanente
Salía a la calle habiendo dado
Patadas de hastío al inconsciente

La cosa es que me vienen a buscar
Apenas tengo tiempo de cortar
Las venas que alimentan mi forma de pensar.

31. Viaje

Non mortem timemus, sed cogitationem mortis.
No tememos a la muerte sino a pensar en ella. Séneca

Difícil viaje saber quién soy
Tendré que asomarme al precipicio y finalmente joderme
Pero finalmente saber quién soy

Alucinante miedo de saber quién sos
Prefiero comerme la angustia y lastimarme
Pero finalmente saber quién sos

Habrá que asomarse a su mente para saber quién es
Y hacer la exégesis de su alma si la tiene
O habrá que quitarle la vida para saber quién es

Alucinante fiesta, ni modo de pasarla
Angustiosa noche, ni modo de olvidarla
Increíble soledad que en el rincón pega
Mirando digo, hacia el rincón

Lo que resta para no verlo
Cegarme ante lo que falta

CUENTOCUARENTA

No sentir porque duele

Si miro hacia un costado me da frío
Si miro hacia el olvido me muero de dolor
Si miro adentro es peor
Me lleno la sangre de vacío

Tenebroso hueco que en mi estómago encuentro
Electricidad negativa de afuera hacia adentro
Náuseas de existir, permanecer feto
Para no salir, para morir ahora, para morir quieto.

CARLOS ODELL

CUENTOCUARENTA

DE MUERTE

Carlos Odell

32. Si vinieras

Si esta noche vinieras
A decirme al oído
Dormí un poco, te extraño,
Hoy quiero estar con vos

Si tal vez ocurriera
Que en mi sueño me hablaras
Que sintiera tu aliento
Tu perfume, tu olor

Y si el sueño fuera ensueño
El subconsciente un fantoche
Y si pudiera esta noche
Hacerte el amor en serio

Entonces dormiría
Una noche cualquiera
Una noche infinita
Para estar junto a vos.

33. Un segundo

Non omnia moriar.
No todo lo mío morirá. Horacio

Hoy vi por un segundo
Una imagen con tu forma
Una foto con tu imagen
Una sucesión de puntos de colores
Que juntos me hicieron creer
Que te había visto, inmóvil

Como si por un segundo
Me hubieras estado mirando
Y te hubieras quedado quieta ese segundo
Y en ese segundo hubieras enmudecido

Es como si hubieras estado aquí
Ese segundo

Ese segundo estuviste,
Ese segundo me miraste,
Y no dijiste nada

Les voy a contar a todos
Que hoy estuve con vos
Por un segundo.

34. Con otro

Fere libenter homines id quod volunt credunt.
GENERALMENTE LOS HOMBRES CREEN LO QUE QUIEREN CREER.
CÉSAR

Hubiera preferido te fueras con otro,
Dejaras de amarme
Quisieras partir

Hubiera preferido que te enamoraras
Te llevaran lejos
Te hicieran feliz

Hubiera preferido que me abandonaras
Te fueras corriendo
Quisieras huir

Preferido verte haciendo valijas
Diciendo: -Querido,
Mi amor, llegó el fin

Saber pese a todo
Persiste tu estilo
Repetís tus gestos
Sigue tu perfil

Tu cuerpo palpite
En otro cualquiera
Que me recordaras
En algún confín

Lo que me enloquece
Que enloquezca a otro
Pero siga vivo
Se mantenga así

Hubiera preferido te llevara otro
Si hubiera sabido
Que el otro era Dios
Al venir le digo:
-Hoy ella no vino
Que cambie el destino
Que me lleve a mí.

35. Sin vos

Mors ultima linea rerum est.
La muerte es el límite final de todas las cosas. Horacio

Estoy sin vos
Estoy sin voz

Todos mis sonidos se me apagaron
Todas mis palabras se congelaron
Todos mis huesos enmudecieron

Tirando manotazos sin poderme aferrar
Pegando gritos sin poder gritar
Tragando saliva sin poder tragar

Estoy sin vos
Estoy sin voz
Estoy sin vox
Estoy sin box

Me sacaron el banquito y me empujaron
Me tiraron allí, me abandonaron
Los dos ojos morados sin haber peleado

El rostro varias veces desfigurado
Y la pelea aún no había empezado

El referí que contaba
El público que lloraba
Yo tirado en el piso
Y mis hijos que miraban

Al fin, apareció el enemigo
Pero ya no había nada que hacer

Ya habíamos perdido.

36. Tu ausencia

Encuentro tu ausencia a cada paso
Tu ropa, vacía de tu cuerpo
y vacía ya, de tu olor
que busco en frustrados intentos
Tus fotos
Millonésimas partes de vos que traen tu impronta
Que podrían ser vos
Que parecen ser vos

El espacio
donde te sentaste
El camino
que conmigo recorriste
Los colores
que vos misma elegiste
Objetos que están
donde vos misma los pusiste
El lugar
donde te abracé por última vez
Decisiones
que hoy perduran,
que se irán perdiendo
Sin remedio
Sin más tiempo
Sin locura

Y también espacios
que no conociste

Qué es peor:
¿Un rincón que me trae tu recuerdo,
o uno nuevo,
vacío de vos
y lleno de la angustia
de no haberlo compartido?

Me encuentro con alguien
que no sabe de tu muerte

Es curioso
En él, estás viva
Si callo,
seguirás viva
en la mitad de ese encuentro.

37. Moría

Pulvis et umbra sumus.
SOMOS POLVO Y SOMBRA. HORACIO

Sentía…
como si se fuera, como una vivencia,
vivir y no ser

Veía…
que no veía nada, tampoco miraba
el modo de ver

Oía…
un grito de ausencia, un silencio eterno,
sereno, materno

Huía…
Salía despacio, desaparecía.
Se iba… moría.

38. La extraño

a Cloti

Hay veces que la extraño tanto
Me voy del otro lado de la vida
Me pongo una careta de alegría
Y salgo a maquillar mi desencanto

Hay veces que la extraño tanto
Que no tengo piel para sentir el frío
Puedo tomar las riendas del hastío
Pero no logro hacerme cargo del espanto

Amiga,
Hay veces que me falta tanto
La vida

Creeme
Hay veces que la extraño tanto
Que duele.

39. Era cierto

Difficile est longum subito deponere amorem.
RESULTA DIFÍCIL OLVIDAR PRONTO UN GRAN AMOR. CATULO

Los segundos se suceden, irremediablemente se agrupan en minutos que se van sumando unos a otros formando horas, y a su vez los días con sus noches, sin solución de continuidad, como un péndulo infinito, como un pulso trágico.

Mientras tanto, puedo comprobar que si me muevo en la cama, efectivamente no te encuentro. Un día, en el medio de la noche, vi tu silueta al lado mío. Se trataba de un par de almohadas, que caprichosa o tal vez estratégicamente y no carentes de cierta maldad, se habían confabulado para hacerme creer que estabas allí.

No te he encontrado en estos días bajando la escalera o saliendo al jardín. Cuando llega el mediodía, efectivamente, no me has llamado en estos últimos tiempos para almorzar juntos.

Fui al club. Pregunté por vos en la casilla de tenis y me dijeron que hace varios días que no vas por allí. Vi a tus amigas tomando el cafecito de siempre, pero tu silla estaba vacía.

Hace tiempo ya que en casa quiero mostrarte cómo

quedaron las molduras pintadas de blanco, las ventanas nuevas con vitraux de colores, y algunos muebles que compré, pero no hay caso, no llega el momento.

Sigo acumulando en la memoria un montón de cosas que tengo para contarte, pero no puedo hacerlo. Tanto, que ya me estoy olvidando de algunas. También estoy olvidándome de tu olor. Anoche, sin embargo, pensé otra vez que estabas. Sentí tu mano aferrando firmemente la mía. Pero desperté y era yo mismo, tomándome una mano con la otra.

Cuando voy al cine intento hacerte un comentario, pero no estás en la butaca de al lado. Vamos a comer con amigos y la cuenta ahora se divide por un número impar.

El resumen de tu tarjeta viene sin consumos. Tu auto se encuentra estacionado hace varios días en el mismo lugar.

Tu ropa no se mueve, no se manda a lavar, no se ensucia.

Era cierto,
habías muerto.

CUENTOCUARENTA

Epílogo a las poesías

Un determinista furioso podría afirmar que en algún lugar está escrito, con lujo de detalles, cada uno de los actos que realizaremos a lo largo de nuestras vidas, por más mínimo que sea. Que está perfectamente determinado el número de pasos que nos falta dar, los centímetros cúbicos de agua que tomaremos o el número de veces que pronunciaremos la letra F. De contar con la información necesaria podría saber cuántas poesías va a haber leído cada uno de no-sotros en el curso de nuestra existencia. En este caso, para el que comulgue con esta filosofía y haya leído este libro, le tengo una mala noticia: está treinta y nueve poesías más cerca de la muerte. Yo, por mi parte, mientras las imaginaba y escribía, hice el amor con la vida treinta y nueve veces, una por cada una de ellas. Debo confesar, sin embargo, que a veces me costó bastante convencerla. Contra lo que opine nuestro amigo determinista, espero que al haberlas leído les haya ocurrido algo parecido a lo que me pasó a mí al escribirlas, y con ellas haberlos inducido a intentar hacer el amor con la vida o, por lo menos, a asomarse y espiarla en algunos de esos maravillosos momentos en que ella se desviste para nosotros.

Al cuento, lo dejamos para el postre.

C. O.

CARLOS ODELL

CUENTOCUARENTA

De vainilla

Carlos Odell

CUENTOCUARENTA

Querida Valeria:

Mirá lo impaciente que estoy que te escribo mi primera carta desde el avión. En cuanto llegue al aeropuerto la meto en un sobre y te la mando. Ayer pensaba, mientras recorría bajo el sol por última vez el camino de cuatro cuadras desde la heladería hasta tu casa llevándote el último kilo de helado de vainilla, mientras goteábamos ambos, (el helado y yo) por el efecto de los rayos del sol de enero en Buenos Aires, pensaba, te decía, que si el camino fuera más largo, y si el helado seguía derritiéndose, a continuación se hubiera fundido el envase que lo contenía, luego mi mano que lo sostenía, a continuación el brazo, y al final mi cuerpo, convertido en un gran helado de vainilla viviente; y hablando de fundido, me pregunté, (se ve que el sol partiéndome la cabeza me hacía pensar más de la cuenta), qué hubiera pasado si no me hubiera ido tan mal en la vida, si hubiera tenido un poco más de suerte, si hubiera nacido en otro momento, si me hubiera tocado vivir en otro lugar, en otro tiempo. Y me dije que si eso hubiera pasado, probablemente no te hubiera conocido. Pero la verdad es que no veo salida posible. No es para justifi-

carme, pero entendé que las circunstancias no me ayudaron. Si no hubiera sido por la maldita hiperinflación que supimos conseguir, yo seguiría con el negocio y quién te dice que hasta nos estábamos casando. Sos la mujer de mis sueños y no quiero perderte para siempre. No tengo una familia que me dé una mano. Te lo quise explicar ayer, pero como llorabas desconsoladamente no sé si me entendiste. Te lo cuento despacio ahora que estás más tranquila: Antonio, mi primo (no me acuerdo si lo viste alguna vez) se fue hace dos años. Empezó trabajando en una heladería en Padova. El dueño se enfermó y él terminó comprándosela. Ya está por inaugurar una sucursal, y está dispuesto a darme una mano. Me va a explicar cómo tengo que hacer con los papeles y me va a enseñar el oficio. Y en cuanto pueda te voy a buscar. Vos esperame. Otra cosa: me dijo Clarita que habías dejado de pagar el plan Megatel. ¿Por qué no me dijiste, boba? En cuanto junte los primeros mangos te los mando para que pagues lo que te falta. A ver si después de tres años de estar aportando todos los meses ahora no te ponen el teléfono porque debés una o dos cuotas. Me gustaría poder llamarte y escuchar tu voz. Te tengo que confesar algo: me encanta que llores. ¿Seré un poco sádico? Pero me gusta porque llorás por mí. Sos tan linda que todavía no puedo creer que seas mía. Y ahora llorás porque me voy. Pero sé que si no hago algo te pierdo. Apenas llegue te mando la dirección. Y en cuanto pueda te voy a buscar, y si no puedo te mando un pasaje.
No puedo vivir sin vos,
        Fabián

CUENTOCUARENTA

Querida Clarita:

    Se me fue el Fabián. Estoy desconsolada. No sé si creerle que quiere ganar plata y llevarme allá y casarnos, o si está cansado de mí y busca una excusa para irse con su primo. Lo debe estar esperando con un montón de italianas tetonas. Me hizo toda una explicación de porqué se iba pero la verdad, es que lloré tanto que no le escuché nada. Le voy a pedir que me lo explique bien por carta y después te lo cuento. Disculpá las manchas en el papel. Son gotas de helado de vainilla, que sabés que me encanta. Mientras te escribía, me estaba terminando lo que quedaba de un kilo que me trajo antes de irse al aeropuerto. Contame vos qué opinás de todo esto, que sola no puedo.
Un beso,
                Valeria

Querida Valeria:

    No seas tonta, querés. A mí me parece que todo esto lo hace por vos. Si fuera por él se queda y se las rebusca. Pero tiene baja la autoestima, tiene como un complejo de que no es lo suficientemente bueno para vos, que te va a perder, y quiere progresar. Me parece bien. No debe saber todo lo que lo querés. Te mandé por encomienda un licor de vainilla que sé que te va a gustar y te va a ayudar a esperarlo. No te olvides de guardarme las últimas Vosotras, que cuentan toda la historia de Susana con Darín, y hacen un racconto de lo que fue el noviazgo con Monzón. No me lo quiero perder, y yo sé que Fabián te las compraba todas. Cuidate,
            Clarita

CUENTOCUARENTA

Querida Valeria:

    Acabo de llegar y ya te extraño. Todavía estoy en el aeropuerto esperando que me vengan a buscar. Se habrá confundido de horario, no sé. Lo llamé por teléfono y no contesta nadie, así que debe haber salido para acá. Mientras tanto, aprovecho para seguir escribiéndote. Estuve todo el viaje en avión pensando en vos. No me puedo sacar de la cabeza al tipo ese que te llamaba por teléfono. Espero que no se aparezca por ahí. Te pido que no dudes de mí. Lo que yo siento por vos es más fuerte que la distancia que nos separa, es más fuerte que tus dudas, y es más fuerte que este presente complicado que se nos presenta. Por eso lo vamos a vencer. Sólo te pido que tengas paciencia y me esperes. Te amo. En el free shop había un perfume de vainilla. No lo compré porque era carísimo, pero se podía probar gratis con un spray.
Un beso,
         Fabián

P.D.: Acaba de llegar Antonio. Te manda saludos. Te

anoto la dirección así me escribís. También te mando el teléfono por las dudas.
Fabián Derissi
Via de la Carcova 1177.
Alassio. Savona. Italia
Tel.: 019-477662

CUENTOCUARENTA

Querida Clarita:

Disculpame si te angustio con esta carta, pero no tengo a nadie en Buenos Aires con quien desahogarme. En el trabajo no se lo puedo contar a nadie y en casa mamá está sorda y no entiende nada. Fabián hace una semana ya que se fue y no sé nada de él. Me dijo que enseguida me mandaba la dirección, el teléfono, algo pero hasta ahora, nada. Puede ser que sea yo, que estoy muy impaciente, pero no aguanto más. Me hago sola el coco de que está con alguna italiana tipo Sofía Loren. Imaginate, con el primo soltero. Para colmo, la ansiedad me hace comer. Hoy ya me comí un paquete entero de vainillas con leche. Decime qué hago.
Un beso,
    Valeria

Valeria, mi amor:

Ya hace una semana que estoy aquí y no tengo noticias. Sí, ya sé, es muy pronto. Acá me voy ubicando, de a poco. Con el idioma más o menos me arreglo, si me hablan despacio entiendo, pero es difícil hacerse entender, y si hablan rápido me quedo totalmente afuera. Con Antonio va todo bien, pero él tiene sus amigas con las que sale y a la noche estoy muy solo y te extraño. Se me hacen difíciles los días a las siete de la tarde, se me hacen difíciles los sábados a la noche, se me hace todo tremendamente difícil. Yo sé que me falta crecer para merecerte, que necesitás alguien mejor de lo que yo soy en este momento, pero esperame. Te voy a demostrar que voy a mejorar y que algún día estarás orgulloso de mí. Por favor, escribime. Convenceme de que no me equivoco al esperarte. El primer día tuve que dormir en un hotel, y en el baño había unos frasquitos de champú con olor a vainilla. Me lavé la cabeza con jabón y te los guardé. Espero poder dártelos pronto.
Te amo,

        Fabián

CUENTOCUARENTA

Querida Clarita:

¿Viste lo que te dije? Hasta ahora ni mu. Por ahora, sólo recibo cuentas, y tus cartas. Éste se olvidó de mí. Hoy me fui hasta el correo y pregunté cuánto tardaba la correspondencia desde Italia. Me dijeron que desde Roma diez días, pero si es del interior dos o tres días más. Y ya van quince. Ayer mamá me hizo la cremita Royal de vainilla que me gusta comer con banana toda cortadita y me bajé el bol entero de la angustia que me agarró. Como te decía, el Fabián se olvidó de mí. ¡¡No lo puedo creer!! ¡Con todas las promesas que me hizo! La verdad es que confiaba en él, y todavía confío, pero qué sé yo, ya van un montón de días. ¿Vos qué opinás? ¡Decime algo que me muero! Cómo me gustaría que estuvieras acá conmigo para consolarme. Te mando las Vosotras que me pediste. Cuidámelas y devolvémelas. El otro día me puse contenta porque me llegó un sobre de Italia, pero no estaba a mi nombre, y no conocía al remitente, así que lo mandé de vuelta. Le puse "Devolver al Remitente" y lo metí en un buzón. No sabés cómo lloré. Porque encima, com-

probé que las cartas de Italia llegan. Me tomé como media botella de ese licor de vainilla que me regalaste y después lloré toda la noche. Pero todavía tengo esperanzas. Yo creo que Fabián está esperando tener algún logro importante antes de escribirme. Evidentemente, quiere sorprenderme con algo, como por ejemplo, la plata para un pasaje y la propuesta de casamiento. No sé, me parece que me estoy volviendo loca. ¿A vos te parece lo mismo? Si te parece decímelo.
Gracias,
          Valeria

CUENTOCUARENTA

Querida Valeria:

Mi gorda, sos el amor de mi vida. ¿Qué pasa que no recibo nada tuyo? Hoy fui al correo a preguntar cuánto tardaba una carta desde Buenos Aires y me dijeron que diez días, más o menos. ¿Por qué no me escribís? ¿Estás dudando? Me iría ahora mismo a preguntártelo, pero no tengo un mango. Estoy trabajando, pero por ahora estoy aprendiendo. Fuera del trabajo la paso mal. Me quedo solo. Antonio tiene sus amigas. Yo no puedo salir con ellos de acompañante. Me da cosa. Entre las parejas hay otros códigos, y encima imaginate, sin entender bien lo que dicen. No te niego que me han ofrecido traerme alguna amiga, pero te soy sincero, solo quiero estar con vos. Pero necesito que me escribas. Que me confirmes tu amor. Me hago el coco acá y pienso que cuando se enteren de que no estoy te van a invitar a salir. Me compro cosas de vainilla porque las huelo y es como estar con vos. Pero acá la vainilla tiene un perfume diferente, no sé, como más suave, menos intenso. La verdad es que no dudaría de vos, pero escribime, si no me muero.

Te extraño,
> Fabián

Querida Clarita:

¿Cómo andás? Escribime más seguido, nena. Ya bastante tengo con no recibir cartas de Fabián. Yo todavía tengo esperanzas, aunque cada vez menos. Ayer me invitó a salir un vecino de por acá. ¿Qué hago, Clarita? Parezco Penélope. Por ahora le dije que no, pero no sé qué hacer, me parece que si vuelve a invitarme le digo que sí. Ya pasó mucho tiempo. Encima, ¿a que no sabés lo que me trajo de regalo? Una orquídea. No sé cómo se enteró. Para mí que le dijo mi vieja, que quiere que me distraiga. Aconsejame, Clarita. Me gustaría que pudiéramos vernos.
Un beso,
> Valeria

Querida Valeria:

Por favor, te pido que me digas la verdad. Si dejaste de quererme, decímelo. Estoy preparado para enterarme de cualquier cosa, pero no estoy preparado para el silencio, para la incertidumbre. Yo sé que puede ser que no te merezca, y por eso me vine, y por eso te pedí que me esperes, que me des una oportunidad. Pero si no me vas a esperar o si estás saliendo con alguien, prefiero que me lo digas. No aguanto más este silencio, esta indiferencia. Así que quiero saber qué pasa. Ayer me enteré de que la vainilla viene de una vaina de una variedad de la orquídea. Justo que a vos te encantaban las orquídeas, ¿no? ¿Será casualidad? Fijate hasta en qué cosas me acuerdo de vos.
Un beso.
Tu novio, (yo todavía me considero tu novio), que te sigue queriendo como nunca,
          Fabián

Querida Valeria:

    Al final, tenías razón. Tu novio, ¿ex novio? Resultó un falluto. Se ve que le fue bien, se acomodó allá y si te he visto no me acuerdo. ¿No tenés forma de averiguar la dirección o el teléfono del primo? Aunque en realidad no vale la pena, mirá, ¿un consejo? salí con el vecino, si más o menos te gusta. No seas tonta. ¿Hasta cuándo vas a seguir esperando? No te digo que te pongas de novia ni que hagas nada, pero salí, divertite, distraete. Inclusive andá a bailar si te invita. Después se verá. No puedo creer lo que me contaste del sobre. ¡Qué casualidad que justo venga de Italia! Yo lo hubiera abierto igual, de chusma, a ver qué había. Total después lo volvía a cerrar y lo mandaba de vuelta.
Cuidate,
        Clarita

CUENTOCUARENTA

Querida Valeria:

Bueno, tengo que decirte que esto se terminó. Tengo la confirmación que me faltaba. En algún momento dudé, dado tu silencio, de que recibieras mis cartas, pero, te confieso, hice una prueba y mandé un sobre a tu casa con un destinatario inexistente y un nombre inventado en la parte de atrás con la dirección de la heladería. Vino de vuelta, con una inscripción que decía "Devolver al remitente". Y en esa inscripción reconocí tu letra. Y hasta me puse contento por eso, mirá qué estúpido. ¿Pero te das cuenta de que lo único que conseguí que me escribieras es "Devolver al remitente"? O sea que la correspondencia llega y muy bien. Entre que mandé la carta y vino de vuelta pasaron unos veinte días. Lástima que si no me querés más por lo menos no me lo decís. No tuviste la valentía de enfrentarme, ni siquiera por carta. Eso no habla muy bien de vos. Pero bueno, basta. Vos tenés mi dirección. Si cambiás de opinión, escribime. Pero apurate, no te voy a tener la vela toda la vida. Yo no nací para vivir solo. Y no soy del tipo que sale con una mina y la engatusa que

está enamorado para acostarse con ella y después la planta. Mi primo es así, y en realidad lo envidio. Sale con un montón de minas y se divierte como loco. Yo no. O me enamoro o nada. En ese sentido parezco más una mina que un varón. Soy así. Pero ojo, porque cuando me vuelva a pasar no va a haber marcha atrás. Ya va a ser tarde. No digas que no te avisé. No quiero que lo tomes como una amenaza, pero contestame o esto se acaba.
Yo todavía te quiero, pero todo tiene un límite, ya pasó un montón de tiempo.
Un beso,
                    Fabián

CUENTOCUARENTA

Querida Valeria:

    ¿Y, alguna novedad? Espero que te hayas decidido a salir de una vez por todas. Vas a ver que te va a hacer bien. Te va a ayudar a olvidar. Tenés que salir adelante. Pensá que si no te escribió ni tuvo el valor de enfrentarte, aunque sea por carta, será porque el amor que sentía no era tan fuerte, y entonces, mejor saberlo ahora y no después de varios años de matrimonio con hijos incluidos.
Te mando las Vosotras. La verdad es que con este Darín salió ganando la Susana. Es un tipo con clase. Mirá que enamorarla mandándole cartas perfumadas con Chanel N° 5. No sé cómo antes se metió con Monzón. Será muy buen boxeador pero es más bruto que un arado. Lo que pasa es que en Francia se codeaba con Alain Delon. Yo creo que como hablaba en otro idioma, no se daban cuenta de lo bruto que era.
Preguntale a tu vecino si tiene un amigo y cuando viaje para allá salimos los cuatro, ¿qué te parece?
Saludos a tu mamá, un beso,
          Clarita

Querida Valeria:

    Sinceramente, me siento un imbécil. Yo no paro de escribirte, y vos nada. Yo no hago otra cosa que pensar en vos y vos, nada. El otro día, leyendo sobre la planta de vainilla, me entero de que el nombre científico es "planifolia Andrews". ¿Te acordás cuando pensamos que a nuestro primer hijo le pondríamos de nombre Andrés? ¿Será otra casualidad? Pero igual, ahora qué importa todo eso. Lo veo tan lejano, tan imposible de volver a vivirlo. Mi primo saliendo con su novia, ofreciéndome salir todos los días con alguna amiga, y yo leyendo el nombre científico de la vainilla. Si te parece que soy un infeliz, tenés razón. Ésta es la última carta que te escribo. Creo que si me hubieras esperado podríamos haber hecho una pareja ideal. Pero la vida es así y hay que enfrentarla con todo lo que trae. El destino dirá si te equivocaste o no.
Que tengas suerte,
                Fabián

CUENTOCUARENTA

Querida Clarita:

Estoy muy angustiada. Tenemos que mudarnos. La jubilación de mamá no alcanza para nada, y yo no consigo trabajo. No puedo pagar más el alquiler, y la dueña ya consiguió un nuevo inquilino. El otro día vino a ver la casa. Es un tal Ruperez, subgerente del Banco Nación de acá a la vuelta. Tenemos que irnos a vivir a lo de tía Marta en La Plata. No me importaría tanto si no fuera porque (aunque no lo creas) todavía estoy esperando carta de Italia. Así que le voy a pedir al inquilino que si es tan amable cada tanto me envíe toda la correspondencia que me llegue. Pero no sé cuánto voy a aguantar. Espero que puedas viajar para acá y verte pronto. Sos mi única y verdadera amiga.
Un beso,
    Valeria

CARLOS ODELL

CUENTOCUARENTA

Estimada Señorita Valeria Lampadula:

De mi mayor consideración:
    Tal como me lo solicitó usted oportunamente, procedo a enviarle en sobre adjunto la correspondencia para usted recibida en los últimos días. Le envío unos sobres que aparentan ser de contenido publicitario y las últimas cuentas de SEGBA y Gas del Estado que le corresponde abonar. En el buzón se encontraba un pequeño pedazo de papel roto en los bordes con unas pocas palabras que mi discreción en un principio me impidió leer, y que intenté introducir en el mencionado sobre infructuosamente, ya que al pretender hacerlo, se me deshizo entre las manos. Por lo tanto me tomé la libertad de intentar leer las pocas palabras que contenía, antes de que se destruyera por completo, palabras que me pareció prudente reproducir a continuación, para su conocimiento, tal cual se encontraban en el pequeño trozo de papel : "s la última carta que te escri" . No pude evitar sin embargo percibir, al tomar contacto con el mismo, un fuerte olor, aparentemente a vainilla, que me llamó poderosamente la atención.

Aprovecho para comentarle un curioso hecho acontecido en ocasión de acercarme al buzón a retirar sus cartas, puesto que dado que mi señora esposa y yo nos hemos mudado hace escasos tres días aún no hemos recibido correspondencia alguna. En el momento en que me dispongo a introducir mi mano en el buzón, de la boca del mismo sale un pequeño roedor. Luego de un primer sobresalto, me recompuse y pude acceder al interior del mismo, encontrando el mencionado contenido. Le ruego me informe si ha notado la presencia de esta plaga dentro de la casa, ya que mi señora es especialmente aprehensiva. Y en el caso de que su respuesta sea afirmativa procederé a tomar cartas en el asunto.
Sin otro motivo en particular, lo saluda muy atentamente,
    Rolando Ruperez

CUENTOCUARENTA

Carlos Odell

CUENTOCUARENTA

www.ingramcontent.com/pod-product-compliance
Lightning Source LLC
Chambersburg PA
CBHW030241170426
43202CB00007B/84